딴생각 딴세상 5
여자와 남자를 배우는 책

초판 1쇄 발행 2016년 12월 30일
초판 4쇄 발행 2022년 5월 20일
글쓴이 | 신현경
그린이 | 이갑규
펴낸이 | 김사라
펴낸곳 | 해와나무
출판 등록 | 2004년 2월 14일 제312-2004-000006호
주소 | 서울특별시 영등포구 양산로23길 17 2층
전화 | (02)364-7675(내용), 362-7675(구입)
팩스 | (02)312-7675
ISBN 978-89-6268-150-5 74330
     978-89-6268-119-2 (세트)

ⓒ 신현경, 이갑규 2016

• 값은 뒤표지에 있습니다.
• 책 내용의 일부 또는 전부를 인용하거나 발췌하려면 반드시 저작권자와 출판사 양측의 서면 동의를 구해야 합니다.

KC 제조자명: 해와나무 제조국명: 대한민국 제조년월: 2022년 5월 20일 대상 연령: 7세 이상
전화번호: 02-362-7675 주소: 서울특별시 영등포구 양산로23길 17 2층
*KC마크는 이 제품이 공통안전기준에 적합하였음을 의미합니다.

여자와 남자를 배우는 책

신현경 글 ★ 이갑규 그림

어린이를 위한   양성평등 이야기

해와나무

퐁이는 오늘 아침만 기다렸어.
교실 게시판에 퐁이 그림이 걸려 있을 거야.
교문에서부터 퐁이의 가슴이 콩닥콩닥 뛰었어.

방그레한 얼굴로 교실에 들어선 퐁이는 눈이 휘둥그레졌어.
퐁이가 장래 희망을 그린 그림에 '왕찌찌'라고 쓰여 있지 뭐야!
다른 그림은 모두 말짱한데 퐁이 그림에만 낙서가 있었어.

어제 종례 시간에 선생님이 약속하셨어.
"오늘 여러분이 그린 그림으로 선생님이 게시판을 꾸밀 거예요."
퐁이는 가수를 그린 자기 그림이 가장 멋질 거라고 생각했어.
저렇게 징그러운 낙서가 있을 줄은 상상도 못 했지.

맨 뒤에 앉은 규호가 코딱지를 튕기며 말했어.
"퐁이 꿈은 왕찌찐가 봐. 케케켁."
그 말에 남자애들이 한꺼번에 킥킥댔어.
퐁이는 창피하고 분해서 소리를 꽥 질렀어.
"내 그림에 낙서한 놈, 누구야!"
남자애들이 퐁이의 이글이글한 눈빛을 보고 흠칫 놀랐어.
그런데 규호가 퐁이에게 뚜벅뚜벅 다가가는 게 아니겠어?

규호가 코를 후비며 따지듯 말했어.

"우린 구경만 한 거다. 구경한 것도 죄냐?"

규호의 벌름거리는 콧구멍이 "왕찌찌, 왕찌찌." 하고 놀리는 것 같았어.

규호 뒤에 서 있는 남자애들 모두 징그럽게 보였지.

퐁이는 눈을 질끈 감았다가 뜨고서 또박또박 대꾸했어.

"선생님은 우리가 하교한 다음에 게시판을 꾸민다고 하셨어.

그러니까 범인은 오늘 아침 일찍 온 남자가 틀림없어!"

구경하던 아이들 모두 저도 모르게 고개를 끄덕였어.

규호가 퐁이에게 따지고 들었어.

"무조건 남자가 범인이라고 하는 건 남자 차별이야!"

"저렇게 징그러운 낙서를 여자가 했겠냐?"

"증거 있어? 남자가 그랬다는 증거 있냐?"

규호의 말에 남자애들이 하나둘 맞장구를 치기 시작했어.

"징그러운 말은 남자만 하란 법 있나?"

"맞아, 맞아. 우리 누나 보니까 여자들이 욕도 더 잘하더라."

"우리 반도 깡패는 몽땅 여자잖아."

어느새 여자애들은 퐁이 주위를 둘러쌌고,
남자애들은 규호 옆에 섰어.
남자 대 여자, 여자 대 남자가 되어서
여태 쌓였던 불만을 마구 쏟아 내기 시작했지.

남자애들의 장난에 질린
여자애들이 따따따, 따따따!
여자애들한테 꼬집힌
남자애들이 어우씨, 어우씨!

편이 갈린 남자 무리와
여자 무리 사이에 회오리바람이 일었어.
선생님이 오시면 남자고 여자고
할 것 없이 꾸중을 들을 판이야.

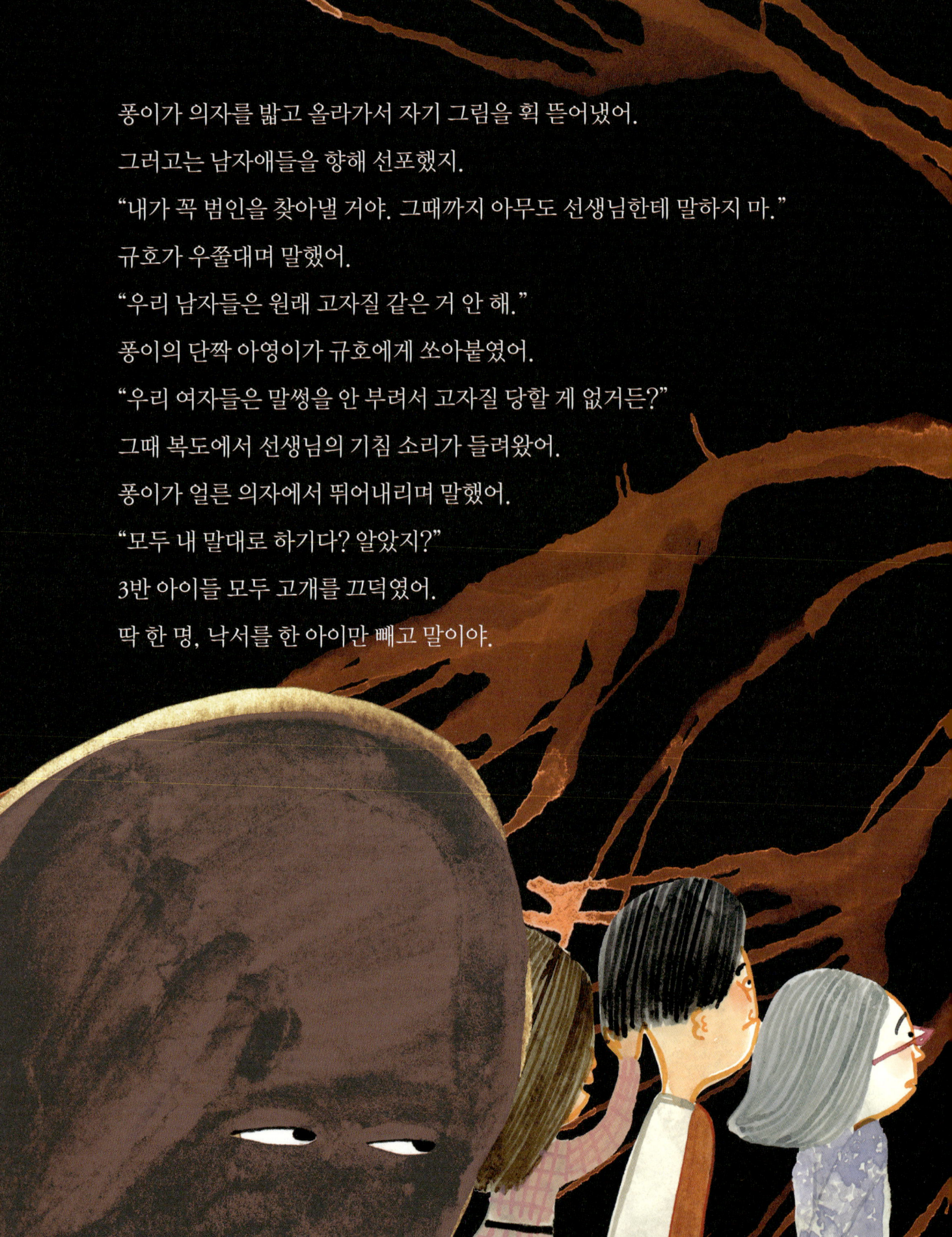

퐁이가 의자를 밟고 올라가서 자기 그림을 휙 뜯어냈어.
그러고는 남자애들을 향해 선포했지.
"내가 꼭 범인을 찾아낼 거야. 그때까지 아무도 선생님한테 말하지 마."
규호가 우쭐대며 말했어.
"우리 남자들은 원래 고자질 같은 거 안 해."
퐁이의 단짝 아영이가 규호에게 쏘아붙였어.
"우리 여자들은 말썽을 안 부려서 고자질 당할 게 없거든?"
그때 복도에서 선생님의 기침 소리가 들려왔어.
퐁이가 얼른 의자에서 뛰어내리며 말했어.
"모두 내 말대로 하기다? 알았지?"
3반 아이들 모두 고개를 끄덕였어.
딱 한 명, 낙서를 한 아이만 빼고 말이야.

퐁이는 쉬는 시간마다 아영이랑 머리를 맞대고 궁리했어.
둘이 교실을 휘둘러볼 때마다 남자아이들은 딴청을 피웠어.
아침에는 당당했던 규호마저도 둘의 눈을 피하는 게 아니겠어?
퐁이와 아영이는 규호를 범인 후보 1번으로 정했어.
세 번째 쉬는 시간에 드디어 후보 여섯 명이 정해졌지.

세 명은 퐁이한테 복수할 게 있는 애들이고,
세 명은 징그러운 장난을 칠 만한 애들이었어.
퐁이와 아영이는 점심시간이 되기를 기다렸어.
급식실로 갈 때 앞의 세 명을 조사하고,
급식실에서 돌아올 때 뒤의 세 명을 조사하기로 했지.

점심시간 종이 울리자마자 퐁이와 아영이가 규호에게 달려갔어.
아영이가 규호에게 쪽지를 내밀었어.
"넌 범인 후보 1번이야! 증거가 없는 대신 이런 걸 만들었지."

범인 후보 1번 - 규호

이 점이 의심스러워!

규호는 교실 여기저기에 코딱지를 묻힌다. 며칠 전에 퐁이가 그걸 선생님한테 일렀다. 규호가 퐁이더러 복수한다고 했다.

규호가 쪽지를 다 읽기를 기다렸다가 퐁이가 물었어.

"내가 선생님한테 일러서 복수한 거지? 솔직히 말하면 안 이를게."

"난 벌써 복수했는데? 네 책상 서랍 안에 뭐가 들었게? 케케켁."

"설마 너, 코딱지를……."

퐁이가 몸서리치는데 아영이가 규호에게 바짝 다가섰어.

"쉬는 시간마다 우리 눈을 피했잖아. 찔리는 게 있어서 그런 거잖아!"

"너희를 헷갈리게 만들려고 한 거다! 성공! 케케켁."

규호는 그렇게 말하더니 급식실로 달려가 버렸어.

아영이가 고개를 갸웃하며 말했어.

"아무래도 쟤는 아닌 것 같아. 규호라면 낙서하는 대신 그림에 코딱지를 묻혔을 거야."

풍이도 아영이 말이 맞다고 생각했어.
그래서 교실을 빠져나가는 범인 후보 2번과 3번을 얼른 붙들었지.
아영이가 재빨리 두 사람에게 쪽지를 내밀었어.

퐁이가 유노에게 먼저 물었어.
"저번에 내가 너를 뱃살 가슴이라고 놀려서 복수한 거니?"
유노의 양 볼이 봉숭아 꽃물 색깔로 물들었어.
"나도 왕찌찌라는 말을 싫어하는걸. 나도 그런 놀림을 받아 봤거든……."
유노는 그렇게 우물거리더니,
두 손으로 자기 가슴을 가리고서 도망치듯 달려가 버렸어.

범인 후보 3번 - 범이

이 점이 의심스러워!

예방 접종 맞던 날, 범이가 울었다. 퐁이가 '울보딱지'라고 놀리니까 더 울었다. 사과했지만 들은 척도 안 했다.

퐁이가 울먹울먹하는 범이에게 물었어.

"야, 울보딱지! 네가 범인이니?"

범이는 겨우겨우 울음을 참으며 대답했어.

"우, 우, 울보딱지라고 하지 마……."

아영이가 얼른 범이를 달랬어.

"너는 의심 안 할게. 울지 마, 응?"

범이는 주먹을 불끈 쥐고서 말없이 자리를 떠났어.

"쟤들은 내가 그렇게 무섭나?"

퐁이가 한숨을 폭 내쉬었어.

"겁나서 네 그림에 낙서하는 건 꿈도 못 꿨을 거야.
근데 퐁이야, 우리 이제 남자애들 놀리지 말자.
유노가 창피해하고 범이가 울려고 하니까 되게 미안하더라."

아영이도 한숨을 폭 내쉬었어.

"맞아. 나도 놀림 당해 보니까 무지 기분 나빠.
그러니까 범인을 꼭 찾아내서 사과 받을 거야."

둘은 점심을 먹고서 다시 힘을 내기로 했어.

범인 후보 4번 - 솔이

이 점이 의심스러워!

솔이는 어떤 말이든지 '왕' 자를 붙여서 말하기 좋아한다. 왕재수, 왕바보, 왕짜증, 왕맛있다, 왕멋지다, 왕빠르다……. 그러니까 솔이가 '왕찌찌'라고 썼을 것이다.

아우, 왕억울해. 너희 정말 왕재수다.

난 다섯 살 때도 '찌찌'처럼 유치한 말은 안 썼어. 우리 엄마가 증인이야!

범인 후보 5번 - 동민

이 점이 의심스러워!

저번에 동민이가 남자애들한테 자기는 이다음에 가슴 큰 여자랑 사귈 거라고 말했다. 그러니까 가슴 그림에 낙서하는 걸 좋아할지도 모른다.

풍이와 아영이는 나머지 범인 후보 세 명에게도 쪽지를 건넸어.

그런데 하나같이 풍이가 입도 열기 전에 펄쩍 뛰지 뭐야.

"우리가 잘못 짚은 것 같아."

아영이가 힘 빠진 목소리로 말했어.

하지만 풍이 생각은 달랐어.

"아냐. 범인은 분명히 여섯 명 안에 있어."

아영이는 이를 닦으러 가고 퐁이 먼저 교실로 돌아왔어.

퐁이는 규호가 한 말이 떠올라서 책상 서랍에 슬며시 손을 넣었어.

그러고는 바닥을 더듬더듬하는데…….

으악! 꼬들꼬들한 밥알 같은 게 잡히는 거야!

"야아아아! 김규호!"

퐁이가 고래고함을 지르며 자리에서 벌떡 일어났어.

규호가 날래게 몸을 피하자 퐁이가 재빨리 규호를 뒤쫓았어.

퐁이는 길을 가로막는 것들을 손으로 마구 헤쳤지.

마침 자기 자리로 가던 범이를 퐁이가 휙 밀쳤어.

"비켜!"

그 바람에 범이는 책상 모서리에 부딪히고 말았어.

하필이면, 고추 부분을 말이야.

책상 위에 엎어진 범이 입에서 끔찍한 비명이 터져 나왔어.

"으아아아악! 엄마아아앙!"

범이는 고추 부분을 두 손바닥으로 누른 채 아우성을 쳤어.

아이들이 범이 주위에 모여들었어.

아무도 퐁이가 밀친 걸 모르는 눈치였어.

퐁이는 어쩔 줄 몰라서 범이 곁에서 동동거렸어.

남자애들은 자기 고추가 아픈 양 다들 끔찍한 표정을 지었어.

반장이 범이를 일으켜 보건실로 데려갔어.

교실이 다시 시끌벅적해졌어.

퐁이만 얼빠진 얼굴로 서 있었지.

규호가 퐁이를 힐긋 보고 말했어.

"퐁! 나 안 잡냐?"

퐁이가 반응이 없자 규호는 칠판으로 다가갔어.

규호가 부러진 고추 모양을 그리더니 이렇게 중얼거렸어.

"범이는 이제 오줌 누기 힘들지도 몰라. 어쩌면 아빠도 못 될 거야."

아영이가 퐁이에게 다가와 속삭였어.

"규호가 범인 맞나 봐. 저렇게 징그러운 그림을 또 그리잖아."

퐁이 귀에는 아영이의 말이 잘 안 들렸어.

며칠 전 책에서 본 내용이 떠올랐기 때문이야.

거시기나 고추 말고 진짜 이름은 뭘까?

➡ 남자 성기의 정확한 이름은 '음경'이다.

남자는 왜 오줌을 서서 눌까?

➡ 음경이 밖으로 삐죽 나와 있기 때문이다.
오줌도 아기 씨(정자)도 음경으로 나온다.
그러니까 깨끗하고 소중하게 여겨야 한다.

음경을 부딪히면 정말 눈물 나게 아플까?

➡ 음경보다 그 옆에 있는 작은 방울,
그러니까 '음낭'이 아픈 것이다.
음낭도 음경처럼 몸 바깥에 있는 데다가
말랑말랑해서 단단한 물건에 부딪히면
무지하게 아프다.

음낭은 오줌 주머니일까?

➡ 음낭은 '고환'이 담긴 주머니이다.
고환은 아기 씨(정자)를 만드는 곳으로,
'정소'라고도 부른다.

거시기나 잠지 말고 진짜 이름은 뭘까?

➡ 여자 성기의 정확한 이름은 '질'이다.

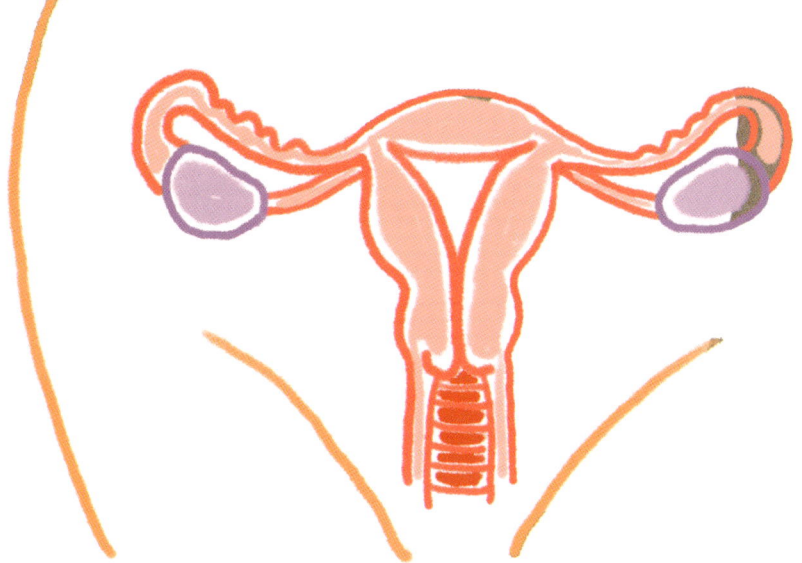

아기는 여자 배꼽에서 나올까?

➡ 아기는 아기가 나오는 구멍으로 나온다. 남자는 오줌 나오는 구멍이랑 아기 씨 나오는 구멍이 같지만, 여자는 다르다. 아기가 나오는 구멍은 '질'이라고 부르고, 오줌 나오는 구멍은 '요도'라고 부른다. 질은 요도 바로 아래에 있다.

아기는 열 달 동안 어디에서 자랄까?

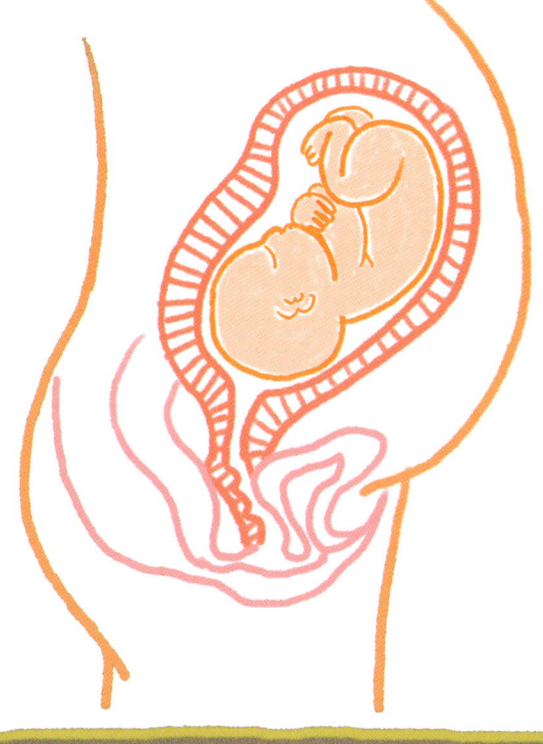

➡ 아기는 엄마 배 속에 있는 아기집, 즉 '자궁'이라는 곳에서 먹고 자면서 쑥쑥 큰다. 자궁은 가느다란 길을 통해 질까지 이어져 있다. 아기는 그 길을 통해 밖으로 나온다. 그러므로 여자의 성기는 특별히 더 깨끗하고 소중하게 보호해야 한다.

퐁이는 보건실에 갔던 반장이 혼자 돌아온 걸 보고서
슬며시 교실을 빠져나왔어.
퐁이는 보건실 앞을 서성이면서 들어갈까 말까 망설였어.
그때 보건 선생님이 보건실을 나와서 화장실로 가는 걸 봤어.
퐁이는 이때다 싶어서 보건실로 들어가,
발소리를 죽여 가며 살금살금 안을 살폈어.
보건실에는 뒤돌아 누워 있는 범이 말고는 아무도 없었어.
"범이야, 아직도 많이 아파?"
퐁이가 조심스럽게 말을 걸었지만 범이는 조용했어.
"자니?"
다시 말을 걸어 보았지만 범이는 꼼짝도 안 했지.
퐁이는 돌아 나가려다 말고 보건실 벽에 붙은 그림을 보았어.
그림 속 남자가 범이처럼 고추를 가리고 있었어.
평소에는 눈여겨보지 않았는데, 오늘은 눈을 뗄 수 없었지.

자라면서 우리 몸은

턱에 수염이 나요.
매일매일 면도해야 할 만큼
수염이 빨리 자라는 사람도 있고,
며칠마다 면도해도 될 만큼
천천히 자라는 사람도 있어요.

음경 주변에 꼬불꼬불한
털이 나요. 배꼽까지 기다랗게
털이 나는 사람도 있어요.
자라는 길이가 정해져 있기
때문에 머리카락처럼
이발할 필요는 없어요.

다리에도 털이 나요.
머리숱이 사람마다 다른 것처럼
다리털도 빽빽하게 나는 사람,
듬성듬성 나는 사람이 있어요.

사춘기 때부터 남성 호르몬이
나와서 키도 커지고 어깨도 넓어지고
온몸의 근육이 탄탄해져요.
당연히 힘도 세지지요. 보통 여자보다
남자가 2~3년 늦게 호르몬의 영향을
받기 때문에, 초등학교 때는 보통
남자아이들이 여자아이들보다
키가 작아요.

이렇게 변해요

사춘기 때부터 여성 호르몬이 나와서 가슴이 나오고 허리가 잘록해지고 엉덩이가 커져요.

겨드랑이와 음부 주변에 꼬불꼬불 털이 나요. 털도 다 자기 역할이 있어서 생겨난 거랍니다. 얼굴과 팔다리에도 털이 나는데, 보통은 남자보다 털이 얇고 적어서 눈에 잘 띄지 않아요.

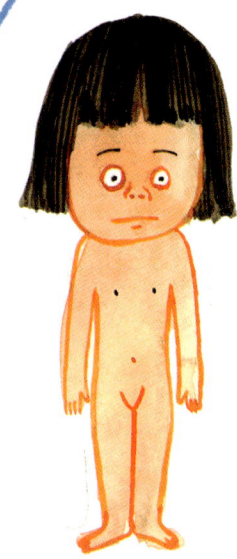

사춘기에 월경을 시작해요. 엄마가 될 수 있는 몸이 되었다는 신호지요. 몸을 더욱더 소중히 다뤄 달라는 신호이기도 해요.

여성 호르몬이 몸에 곡선을 만들어 주는 거예요. 그러니까 일명 'S라인'은 다이어트를 하지 않아도 모든 여자들이 갖고 있는 것이랍니다. 남자보다 여자의 피부가 보드랍고 말랑말랑한 것도 모두 여성 호르몬 때문이에요.

"어우씨, 창피해."

퐁이가 나간 줄 알고 범이가 혼잣말을 했어.

"너 자는 척한 거야?"

퐁이 소리에 놀라 범이가 딸꾹질을 하기 시작했어.

"이제, 거기 안 아파?"

범이가 가만가만 고개를 끄덕였어.

"다행이다. 밀쳐서 미안해. 너…… 내가 그랬다고 말할 거니?"

범이는 딸꾹질을 멈추려는 듯 손으로 자기 입을 막았어.

그 순간 범이 소매에 묻은 크레파스 자국이 퐁이 눈에 들어왔어.

퐁이 그림 속 드레스 색깔과 같은 빨간색이었어.

퐁이가 버럭 소리쳤어.

"너지! 네가 왕찌찌라고 낙서했지!"

범이의 딸꾹질이 더 심해졌어.

"생사람 잡지 마! 아, *끄꾹, 끄꾸욱.*"

"거짓말! 여기 내 크레파스 다 묻었잖아!"
퐁이가 범이 소매를 움켜쥐고 마구 흔들었어.
그러자 범이가 잡힌 팔을 휙 빼더니 울먹이며 말했어.
"네가 울보딱지라고 놀려서 그랬다!"
퐁이는 자기가 뭘 그렇게 잘못했는지, 그날을 떠올려 보았어.

크레파스 자국!!

그날은 예방 접종 날이었어.
퐁이는 주사 맞는 게 하나도 무섭지 않았어.

그런데 범이는 울상을 짓고 있었어.
퐁이는 범이를 놀리고 싶어서 일부러
큰 소리로 떠들었어.
"주사 맞을 때 살짝이라도 움직이면 큰일 나.
주삿바늘이 몸속으로 들어가 버리거든!
그걸 안 빼내면 몸속을 다 찌르고 다닌대."

아니나 달라? 범이가 다리를 달달 떠는 거야.
퐁이가 지어낸 말인지도 모르고 말이야.
퐁이는 모르는 척하고
더 끔찍한 이야기를 늘어놓았어.
"쪼그만 바늘은 자꾸 움직이기 때문에
칼로 온몸을 째도 찾기 힘들대!"

퐁이가 슬쩍 봤더니 범이는 무서워 죽을 것 같은 얼굴이었어.
하지만 퐁이 예상과 달리 범이는 도망치지 않았어. 대신 울음을 터뜨렸지.

퐁이는 이때다 싶어서
"범이는 울보딱지래요." 하고 놀려 댔어.
퐁이 목소리가 하도 커서 다른 반
아이들까지 범이를 쳐다보았어.
범이는 눈물을 훔치면서 자꾸만
"어우씨, 어우씨." 했어.

퐁이는 미안한 마음이 들어서 범이보다 먼저 보건실로 들어갔어.
범이는 실내화 위로 뚝뚝 떨어지는 눈물방울만 내려다보고 있었어.

퐁이가 나오자 몇몇 애들이 퐁이를 나무랐어.
"퐁이 너 때문에 범이 계속 울잖아."
퐁이가 사과했지만 범이는 고개를 들지 않았어.

퐁이가 억울해하며 말했어.

"내가 사과했는데 네가 안 받아 줬잖아."

"진심으로 사과하지 않았잖아. 끄꾹.

넌 내가 용서해 주지도 않았는데,

아영이랑 콧노래 부르면서 돌아갔어."

"그깟 일로 나한테 복수한 거니?"

퐁이가 범이를 노려보며 씩씩댔어.

"학교에서는 절대로 안 울려고 그랬는데…… 근데 네가 다 망쳤어!"

징그러운 낙서를 해 놓고서
오히려 자기가 큰소리라니,
퐁이는 화가 나서
범이의 말꼬리를 잡고 놀렸어.
"학교에선 안 울려고 했다고?
너 집에서도 울보구나?"

퐁이의 말에 범이 눈에 그렁그렁 눈물이 맺혔어.
범이는 정말로 집에서 울보 소리를 듣거든.
슬퍼도, 아파도, 무서워도, 화가 나도 울지.
할머니는 누나가 울면 머리를 쓰다듬고 위로해 주면서,
범이가 울면 "남자가 울면 고추 떨어져!" 하고 꾸중하시지.

퐁이가 한쪽 입꼬리를 올리고 범이를 비웃었어.

"네 꿈이 우주인이라며? 우주인은 용감해야 하는데

너 같은 울보가 과연 할 수 있을까?"

범이가 눈에 힘을 팍 주고 퐁이를 올려다보았어.

"그래! 난 울보다! 그래도 난, 너처럼 비겁하게 다른 애들을 놀리지 않아.

네가 날 밀었다고 소문낼 만큼 쩨쩨하지도 않아.

난 우주인이 될 만큼 용감해. 눈물은 저절로 나오는 거야, 어우씨."

범이가 크레파스 묻은 소매로 눈물을 훔쳤어.

"내가 비겁하다고? 그러는 넌? 징그러운 낙서나 하는 주제에!"

"어우씨!"

"선생님이 하신 말씀 기억 안 나?

다른 사람 몸에 대해 놀리거나 만지는 장난은

절대로 하면 안 된다고 하셨잖아!"

"내가 언제 그랬냐?"

"내 그림 속의 나도 나니까, 넌 내 몸에 대해 놀린 거야!"

사실 범이도 왕찌찌 따위의 낙서를 할 생각까진 없었어.
퐁이 그림을 망쳐서 퐁이를 울리고 싶었는데,
평범한 낙서로는 퐁이가 울 것 같지 않았지.
그런데 퐁이를 울리기는커녕 범이만 또 울고 말았네.
범이 눈에 맺혔던 눈물이 또르르 떨어졌어.

"툭하면 우냐? 남자가 바보같이."

"왜 남자는 울면 안 되는데! 그러는 넌 여자가 뭐 그렇게 힘이 세냐!"

둘은 서로를 쏘아보며 딱딱거렸어.

"여자는 뭐, 힘세면 안 되냐!"

"힘세고 목소리 크면 남자지, 여자냐?"

어느새 보건실에 돌아온 보건 선생님이 버럭 소리쳤어.

"둘 다 그만! 보건실이 싸움터니?"

"쟤가 먼저 놀렸단 말이에요."

퐁이가 우물우물하자 범이가 중얼거렸어.

"여자들은 일러바치기 선수지."

보건 선생님이 범이에게 엄한 눈빛을 보내더니 말했어.

"선생님이 너희 얘기를 조금 들었는데,

계속 남자가 어떻고 여자가 어떻고 그러더라?

너희들, 정말로 그렇게 생각하니?"

"우리 할머니가 그러셨는데……."

"우리 아빠도 그랬어요……."

"뭐라고 하셨는데?"

범이는 "남자답게 굴어라."라는 말을,
퐁이는 "여자답게 굴어라."라는 말을 종종 들어.
둘 다 거기에 불만이 많지.
보건 선생님의 질문에 대답하다 보니
퐁이와 범이는 서로에게 미안해졌어.
자기들도 듣기 싫어했던 말을 서로에게 뱉은 셈이니까.
퐁이가 먼저 범이에게 사과했어.
"놀려서 미안해. 울어도 도망 안 치면 용감한 거야."
범이도 주춤대다가 퐁이에게 사과했어.
"나도 놀려서 미안해. 넌 목소리가 커서
멋진 가수가 될 거야."

쩝쩝 소리 내지 말고.

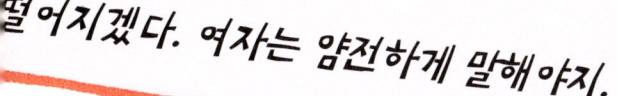

떨어지겠다. 여자는 얌전하게 말해야지.

퐁이는 낙서를 한 사람이 누구인지,
범이는 자기를 밀친 사람이 누구인지 말하지 않기로 했어.
"남자답게, 아니 친구답게 비밀 지킬게."
"나도 친구답게 비밀 지킬게."
퐁이와 범이가 마주 보고 활짝 웃었어.
왕찌찌 낙서 소동에 대해 모르는 보건 선생님만 어리둥절한 얼굴이었지.

1. 다른 사람의 몸을 놀리지 마세요

아이들 앞에서 안 울려고 꾹 참았지만, 사실은 낙서를 보고
너무 창피했어요. 남자애들이 킥킥댈 땐 투명 인간이 되고 싶었다고요.
선생님이 왜 서로의 몸을 놀리면 안 된다고 말씀하셨는지 알겠어요.
우리 반 애들 모두 더욱 조심했으면 좋겠어요.
여러분이 따끔하게 한마디 해 주세요. 나도 잘못했으니까 나한테도요.

"이렇게 쓰면 무지 창피해하겠지?"

범이에게 하고 싶은 말을 적어 보세요.

_____

"퐁이 꿈은 왕찌찌인가 봐. 케케켁."

규호에게 하고 싶은 말을 적어 보세요.

_____

남자들은 너무 징그럽다!

여자아이들에게 하고 싶은 말을 적어 보세요.

맞아, 맞아.

아이스~~~케~~~키!

찬수에게 하고 싶은 말을 적어 보세요.

어떻게 서서 오줌을 눌 수 있을까?

아영이에게 하고 싶은 말을 적어 보세요.

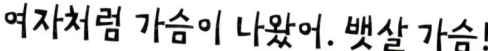

여자처럼 가슴이 나왔어. 뱃살 가슴!

풍이에게 하고 싶은 말을 적어 보세요.

2. 여자와 남자의 같은 마음을 기억해 주세요

'차이'랑 '차별'은 뭐가 다른 걸까요?

'차이'는 더 좋고 더 나쁜 게 없지만, '차별'은 그런 걸 따지는 거예요.

남자와 여자의 몸이 다른 게 '차이'이고, 한쪽이 더 잘났다고 하는 게 '차별'이지요.

남자가 할 일, 여자가 할 일을 딱 나누는 것도 '차별'이고,

남자는 이래야 하고 여자는 저래야 한다고 정해 놓는 것도 '차별'이에요.

혼날 만한 행동을 했더라도 남자라서, 여자라서 안 된다는 말을 들으면 답답해요.

"남자가 울면 안 돼. 남자는 씩씩해야지."

내가 자주 듣는 말이에요.

난, 여기서 두 군데만 없으면 덜 속상할 것 같아요. 이렇게요.

"남~~자~~가 울면 안 돼. 남~~자~~는 씩씩해야지."

우리가 흔히 하는 말들을 남녀를 차별하지 않는 말로, 바꿔 볼까요?

여자가 왜 이렇게 목소리가 커?
➡ ----------------------------------

쟤는 여자라서 수다쟁이에 이르기 대장이야.
➡ ----------------------------------

여자가 지저분하게 다 흘리고 먹냐?
→ ....

남자가 주사를 무서워하냐, 바보같이.
→ ....

쟤 좀 봐. 남자애가 맨날 멋만 부려.
→ ....

남자가 쩨쩨하게 연필도 안 빌려주냐?
→ ....

남녀 차별이라고 느꼈던 말이 있나요? 어떤 말인지 직접 써 보세요.

예) "여자가 청소를 깨끗하게 해야지!"
　　"남자가 져 주고 참아야지!"

3. 남자와 여자, 편을 가르지 말아 주세요

나는 범이 누나예요. 범이는 우리 집에서 자기만 속상한 줄 알아요.

할머니가 내가 울 때는 달래 주고 범이가 울 때는 꾸중하시는 건 맞아요.

하지만 범이가 남자라서 듣는 잔소리가 있듯이 나는 여자라서 듣는 잔소리가 있어요.

그중에 옳지 않다고 생각하는 잔소리가 있지요. 내가 못돼서 그런 걸까요?

여러분이 보기에는 어떤가요? 나랑 범이가 속상할 만한 일인가요?

설거지는 딸이 도와주고 재활용은 아들이 도와줬으면 좋겠다.

설거지를 범이 시켜요.

이왕이면 여자인 네가 설거지를 돕는 게 좋지.

➡ 누가, 왜 속상했을까요?

➤ 누가, 왜 속상했을까요?

➤ 누가, 왜 속상했을까요?

➤ 누가, 왜 속상했을까요?